AF599165

ANTONIA CORTÉS

TIERRA

ANTONIA CORTÉS

TIERRA

Prólogos

Joaquín Pérez Azaústre

Jon Andión

HUERGA & FIERRO editores

Diseño de Colección: Huerga y Fierro

Primera edición: 2025

C/Sebastián Herrera, 9
28012 Madrid-España
Telf.: 91 467 63 61
www.huergayfierro.com
huerga@huergayfierro.com

I.S.B.N.: 978-84-129307-5-7
Depósito Legal: M-1005-2025
Impreso en Romadac Industria del Libro
Impreso en España/Printed and made in Spain

Prólogos

Siete gotas del vino de la felicidad

Esta desolación dulce de los poemas de Antonia Cortés es una arrebatada fe en la vida. No hay sólo tristeza o su dolor, no hay únicamente la herida interminable del sol a los tejidos más confesionales de la autora: hay también una respuesta muy vital con la ternura en pie, porque sabe sacar la fuerza de la tierra al dialogar sus dedos agitados con la aspereza de las raíces profundas. Antes de levantar el vuelo hacia la luz, en los poemas de Antonia nos vamos a encontrar a una mujer que sabe hundir las manos en el barro de su propia vivencia para ofrecerla intacta, entera y única, en un diálogo honesto en el que la poeta no sólo no se esconde, sino que hace presencia de todas sus ausencias, sus miedos y sus pérdidas reales, como una credencial de haber vivido. Hay una plenitud emocional que siempre permanece: este libro de poemas se ha sentido, y se ha hecho intensamente.

En ese mar batiente de amapolas con que abrimos este título de Antonia Cortés, Tierra, del preciosismo mineral al autorretrato siempre en marcha con su íntima verdad, la palabra poética revela, pero también ampara; señala, y hasta acusa, aunque también redime; asusta, pero alienta; sobrecoge y acepta la nada que seremos, pero también nos anuncia que todo lo vivido es nuestra tierra, que somos un país con su relato, con su propio lenguaje de emoción, ante ese archipiélago de instantes que nos llevan hacia la eternidad.

Somos tierra y somos su memoria. Somos el abrazo y el cariño, el paisaje añorado de un recuerdo, una cumbre rocosa resguardando el último reflejo de la voz que no nos *abandona.* Tierra *es un libro con ventisca, repechos y montañas, arañazos curtidos en la piel y ojos agrietados por la lluvia que desborda y rompe. Hay necesidad de regresar a la sierra de rocas bajo los pies, con peñones de viento que desnudan un aprendizaje: que cada mujer y cada hombre, si vive de verdad, encontrará sus propios precipicios. Uno de los más grandes poemas de este libro hermoso, desde su humildad verdadera, es el dedicado al actor Pepe Martín: "No quiero creer que se apagaron tus palabras necesarias para no caer (...). Me siento en una piedra desde donde diviso mis montañas / y te imagino en ese último teatro a mi lado (...). Estoy llorando". En ese llanto hay festejo también del haber sido, desde el recuerdo de sus conversaciones hasta el amarre de su mirada sabia.*

Tierra *en que encontramos víboras y alacranes debajo de las piedras, pero también unos cofres fabulosos con sonidos y olores de los aventureros que persiguen los sueños. Es un libro con climatología, entre el frío y la llovizna del desgarro interior, y de pulso fuerte "como los peñones que coronan la cima / (...) frente a las tempestades de la noche".*

Hay cántaros de barro agrietados de olvido, encinas que vertebran un silencio que nos alimenta y deseos de volvernos a encontrar, en esta poesía íntima y cercana, auténtica y vibrante, o en otro brindis en México, con esas siete gotas en el tiempo del vino siempre amable de la felicidad.

JOAQUÍN PÉREZ AZAÚSTRE

Lo que pudo haber sido y será

Empiezo diciendo la verdad. Que suele ser la mejor manera de reconocerse culpable o incapaz, o de desvestirse, o de empezar a leer, o de salir a pasear, o de llegar a cualquier lado.

Esto no es un prólogo.

Esto es una segunda parte. Y tampoco es una segunda parte, porque le viene grande y amarga y casi no alcanza a meter la cabeza en el hueco de sus costuras para enfundarse la camisa que le ha tocado. No. No es nada de eso. Esto. Es una carta a una amiga.

Una carta abierta en forma de prólogo que viaja y fluye a través del tiempo. De amigo a amiga, de lector a lectora, de amalgama a amalgama, de poeta a poeta, de herida abierta que camina a herida abierta que camina.

Y el asunto es el viejo asunto de siempre en el espejo, quiénes somos, si nosotros solos o lo que nos dejaron los que nos hicieron, si lo que hemos hecho con lo que pensábamos que éramos o lo que nos han dejado los que nos conformaron con la palma de sus manos, con sus ideas y su forma de sentir. O, adónde vamos, qué hacemos aquí, o en qué dirección fluye el río cuando no hay orilla. O cómo se continúa cuando te han despojado de lo que eras, cuando te han dejado solo. Solo como a los niños en los parques o los supermercados. Pero sin solución, pues la muerte no la tiene. Y el poeta, el artista, la persona, se define a través de infinitas configuraciones, pero cuando se ve enfrentado con el dolor de los dolores, el poeta adquiere el cetro y la máquina de decir lo que nunca supo que existía, lo que antes tan sólo raspaba con los dedos.

Antonia Cortés es una mujer de pie que pisa el tiempo. Antonia se mira los pies y lo ve todo, se ve sola en un orbe que gira sobre sí mismo y avanza alrededor, en un sistema que a su vez avanza solitario por el cosmos, por la nada que envuelve lo que somos y lo que conocemos, lo que se expande más allá de todas las fronteras, mas allá de todas las razones, más allá de todas las mentiras, más allá de todas las verdades. Ve la herida que es ella, la herida que somos todos, y ve el cielo sobre nosotros, las estrellas que giran, los campos que nos miran, los vientos que nos llevan, los cerros que nos guardan. Ella se ve, secuencialmente. Plano a plano, sola en el campo, sola en el viento, sola en las nubes, sola en los cerros y lo mira todo con el prisma único que tienen los que despertaron, los que vieron el velo, los que han cruzado al otro lado y ahora ya saben volver.

Antonia Cortés es poeta de mantras, de corrientes y raíces y, en su condición, es el centro de su herencia y es el centro de su fuerza y es el centro de su herida, es la navegante de su pulso con el mundo, del tiempo de sus tiempos, con todos los papeles en el aire las posibilidades de la verdad tras la verdad tras la verdad. Abrirse paso por el monte. Cruzar todos los ríos. Y Antonia conoce bien cuánto aprieta el frío, cómo arrecian los demonios cuando los demonios se sientan a la mesa de todos los días, brindan contigo en la comida, te alcanzan el vaso de agua en la mañana, te arropan por la noche.

Antonia sabe bien lo que hace una línea sobre un papel. Lo que dice su tinta que se desliza y lo invade, ella sabe que una pluma es una espada, un hacha, un arco, un cuchillo de perrero, un rifle cargado. Que es lo mismo que decir que sabe mirarse en lo peor y entenderlo y aprender. Ese es el tamaño de sonrisa que tiene Antonia, la de vivir es aguantar y aguantar es dar un paso y luego otro y luego otro y eso es encontrar, y bien vale para volar, para echarse a la mar con fardos seguros de nombres que nos son porque sólo los que han perdido antes saben ahora encontrar.

Y es que Antonia nada en aguas de huellas y de sendas, de "cuando tú lo hiciste" *y ahora qué de mí, poeta y niña, que es la manera inmortal de mirar al porvenir, con sus* "campos rojos que sacian la sed de belleza" *en las manos y en la tinta de las manos, y la fría tempestad que habita el corazón de los valientes con su* "querer seguir viendo", *con su heredada* "calma de [...] mar sereno" *y sus primaveras que se buscan y se repiten. Y es que vivir es repetir porque vivir es intentar e intentar e intentar y volver a intentar. Vivir es florecer.*

Y toda Tierra florece.

Y todo esto para decirte, amiga, que las valientes van las primeras, y la vida es para las poetas, las marineras, las viajeras, las camperas, las vigías de la bondad, las guardianas de las pandillas, las que aprendieron a cantar y ahora cantan. Y la eternidad, sí, es verdad, es para llevar sus nombres entre los dientes.

"me enseñaron a amar la tierra y a creer en la eternidad"

Jon Andión

Para quienes me enseñaron a amar la tierra
y a creer en la eternidad.

Para Lolo, que no deja de pintarnos arcoíris.

Para José Antonio y Jimena, que son luciérnagas.

TIERRA

La muerte no extingue la luz, solo apaga la lámpara porque ha llegado el amanecer.

Los árboles son los esfuerzos de la tierra para hablar con el cielo que escucha.

Rabindranath Tagore
Premio Nobel de Literatura

Amapolas rojas

Las amapolas rojas siguen una primavera más.
Óleos imaginarios que inmortalizan la belleza.
Tierras áridas que lucen su delicado mantón.
Marzo, en aquel entonces.
Ahora, de nuevo, marzo.
Marzo siempre, a pesar...
a pesar de la distancia, de la cercanía.
No importa dónde estés, estemos,
si las amapolas siguen siendo rojas
una y otra primavera más.

Tus huellas

He borrado tus últimas huellas grabadas en mi piel,
las imaginarias sendas que tus dedos dibujaban en mi espalda,
los besos que no quisieron irse cuando tú lo hiciste.
He despertado de ese querer seguir viendo lo que nadie veía,
de esas realidades que quise creer aun sabiendo que no eran,
de esos sueños que pensé que construiríamos mientras todo caía.
He conseguido encontrar la calma de tu mar sereno,
la mirada de mis campos rojos que sacian la sed de belleza,
las lágrimas pausadas de la decepción aceptada.
He sentido la mano de la luna acunarme en la fría tempestad,
la voz que me invita a dejar los temores a un lado,
la fuerza que me empuja a retomar las riendas y empezar.
Hasta tu olor impregnado en mis largas noches
se ha perdido entre las fronteras que limitan el paso
detenido a un lado, mientras sobrevivo en el otro.
Sin tus huellas, sin tus besos, sin tu olor...
te has perdido en las tristes sombras del olvido.

Bruselas

Las largas esperas se han llenado de flores,
el polen se esparce para que todo renazca.
Renacer, reencontrar.
Pero hoy es hoy, sin más,
porque lo que traiga el mañana
ahora no llena la esperanza.
Vivir.
Un minuto.
Un segundo.
Una décima.
Y se cruzan las miradas,
verdes, marrones. Y brillan.
Y se dicen tanto...
sin decir ni una sola palabra.
Renacer, reencontrar.
El ayer se hace continuidad,
pero hoy es hoy, sin más.
No cuentan las arañas negras
enredadas en laberintos oscuros.
No cuentan los miedos
que hirieron tantas veces.
No cuentan las horas
bañadas en lágrimas ahogadas.
No cuentan los desiertos
que quedaron por descubrir.
No cuentan los vuelos
que nunca despegaron.

No cuentan las siembras
olvidadas sin recoger.
No cuenta nada,
porque nada existe.
Renacer, reencontrar.
Las flores extienden su polen
en playas áridas,
en rojos mares,
en sábanas blancas.
Renacer, reencontrar.
Pero hoy es, simplemente, hoy.
No lo olvides.
No lo olvides jamás.

Luz

Que nunca falte una luz,
ni en las oscuras noches
ni en los sombríos corazones
de los huérfanos de amor.
Que su sombra proteja
a quienes deambulan
perdidos en la niebla
y envueltos en su dolor.
Que nunca falte una luz,
ni en las tristes madrugadas heridas
ni en las hambrientas traiciones
que alimentan las envidias.
Que no falte,
que nunca falte una luz.

Tiempo

Sólo el tiempo sabe convertir
el desasosiego de las ausencias
en una sonrisa.
Pero ¿dónde te paraste?,
¿en qué lugar me perdiste?
Caminamos por una esfera
de números distintos...
Y suplico: alcánzame,
caracol dormido,
despierta de ese sueño
que confunde agujas e hilo;
cose mis heridas y marca las horas,
que aún no es tarde
para que repiquen las campanas
y ese tiempo anclado avance.
Un poco, otro poco,
algo más,
hasta llegar a ese instante
en el que el tiempo convierte
el recuerdo de las ausencias,
que tanto duelen,
en una sonrisa.

Necesito

Necesito perderme en tus sierras,
sentir las piedras del camino bajo mis pies
y alcanzar la cuerda para ver los parajes que me rodean,
ese inmenso azul lleno de tantos seres queridos
que se han ido en silencio, en soledad,
dejando desolación y desconsuelo,
sin una caricia previa, sin un te quiero.
Necesito la tranquilidad de tus peñones
para volver a creer que la vida es bella,
para sanar estos meses de amargura colectiva,
de miradas ocultas y miedos,
de tanta tristeza e impotencia compartida,
de agradecimientos entre aplausos
y rabia contenida, demasiada.
Necesito que me des la mano para sentir tu fuerza,
para abrazar y besar rompiendo las distancias impuestas,
para no importarme tropezar, una y otra vez,
en este mundo loco... que no entiendo
y en el que andamos desorientados, todos,
sombras incontroladas en las noches
que perdieron la noción del tiempo.
Necesito sentarme allá, en la cima,
tan cerca de ti que escuche de nuevo ese susurro
que me trae el viento, que calma mis miedos,
mezclar mis lágrimas con el rocío al amanecer
y descargar la ira como las tormentas,
esta furia que se enraíza porque añora libertad
y volver a la pureza blanca de la flor de la jara.

Necesito la soledad de la inmensidad infinita
para gritar hasta quedarme sin voz
mientras alzo mis brazos hacia ti, hacia ellos,
luciérnagas en esta oscuridad profunda,
esperanza troceada que sólo en ese silencio,
el que invade tus montes y sus secretos,
podrá, en el empeño de la grandeza, ser reconstruida.
Te necesito.
Necesito perderme en tus sierras.

Marzo. 2020

Marzo. 2020. El mundo se para.
Te atan las manos, también los pies.
Te cosen la boca.
Tu casa se convierte en tu propia cárcel.
Las calles silenciosas y vacías acumulan el miedo.
Los balcones se llenan de canciones y alegría
mientras al otro lado de las ciudades,
el que no se puede visitar,
se ahogan los llantos en la amargura de la pérdida.
No puedes correr, ni viajar ni volar junto a tus seres queridos
que emprenden solos el camino dejando el desaliento,
el desgarro de un adiós no pronunciado.
No puedes besar, ni abrazar ni compartir inquietudes
ante esa necesidad de decir ese te quiero
tantas veces callado.
Marzo. 2020. Huele a muerte.
A tierra removida sin consuelo.
A la más contagiosa de las tristezas.
Y, aun así, rezamos a la esperanza.

Este camino

Para María

Este camino lo tienes que hacer en solitario,
ir amontonando todos los recuerdos
que esa urnita te evoca
y repartirlos por los rincones que huelen a tierra mojada
como semillas que han de brotar cada primavera
cuando estalle la vida en la que hallarás su esencia.
En este caminar no hay consuelos ni manos tendidas,
porque el desasosiego ahoga y ciega los momentos,
porque la pena engaña y quema como el agua ardiendo,
porque no sirven las palabras que no devuelven las ausencias,
porque la ira que has de curar se ha vuelto enfermiza
y la conciencia de un adiós para siempre hiere demasiado.
Avanza y riega con tus lágrimas esta senda polvorienta,
agarra con fuerza el olor del tomillo de su niñez
y déjate envolver por ese cielo pintor
que anuncia que otro día comienza.
Siente su sombra persiguiendo la tuya
y grita, grita sin miedo lo que hoy escondes
entre baúles de juegos muertos e infancias ya lejanas.
Este caminar de coronas de espinas que se clavan,
que se pierde entre olivos centenarios, encinas y aulagas,
entre ayeres de risas que avivan la lumbre
y mezclan sus cenizas con aquellas otras,
                                        hermosas todas,
debes hacerlo en soledad, porque al llegar
comprenderás que nunca estuviste sola.

Desnudez

Ahora sí, te muestro mi desnudez
para sentirme libre de mis sentimientos
y liberada de tus rencores.

Tú, también, no, amigo mío

Para el actor Pepe Martín

No quiero escuchar la voz que al otro lado me anuncia tu marcha.
No quiero creer que se apagaron tus palabras tan necesarias para
no caer,
tan sensatas cuando mis impulsos me desbocan.
No puedo pensar que mis vinos serán solitarios,
porque aún nos debíamos demasiados.
¿Quién verterá ahora las siete gotas de la felicidad junto a mi
vergüenza?
Siete. Tu nacimiento, tu muerte. Septiembre y junio en la memoria.
Siete. Siempre siete.
No quiero aceptar que se acabaron tus clases de vida,
que tu corazón con sus últimas tristezas dijo basta,
que cierres el telón de tu obra final para mí inacabada.
No te vayas, amigo, que me dejas huérfana de palabras sensatas,
de tus mensajes al amanecer cuando la noche calla,
de esas caricias llenas de ternura mientras de la vida me hablas.
No me dejes amigo, que este frío sin ti no se quita en verano,
que me pierdo sin tus abrazos, sin tus paternales consejos,
sin tu mirada sabia que me para y me amarra.
No te vayas, tú, también, no, amigo,
que la tristeza me arrastra hasta borrar tu rostro,
tu sonrisa ahora helada, que desdibuja mi cara.
Amigo mío, cómo asumir esta orfandad de la serenidad,
la que tú me dabas cuando la confusión era mi sendero,
cuando la niebla me impedía ver.
Me siento en una piedra desde donde diviso mis montañas
y te imagino en ese último teatro a mi lado.

El recuerdo de tus versos serán el eco de mi salvación,
la sombra que no dejará que me sienta sola.
Estoy llorando.
Y no quiero escuchar esa voz que me habla al otro lado...
No te vayas, amigo, tú, también, no.
Por favor,
por favor,
por favor.

Limpia

Corre el agua, limpia,
y los fantasmas no se atrevieron.

Esta tierra

Esta tierra de alacranes que envenenan y víboras que matan.
Esta tierra de heladas blancas y calores infernales.
Esta tierra de rencillas pasadas y envidias muy presentes.
Esta tierra...
Esta tierra dueña de locos aventureros que persiguen sus sueños.
Esta tierra madre del fruto preciado que bendice impresionantes caldos.
Esta tierra poseedora de la riqueza natural y las malas hierbas.
Esta tierra de grandes cofres de sonidos y olores.
Esta tierra que tanto hiere y tanto se ama.
Esta tierra que escribe delirios entre molinos de viento.
Esta tierra que te hace llorar a la vez que calma.
Esta tierra...

Tu adiós

Araño la tierra hasta sentir su sequedad entre mis uñas,
comparo las raíces con mis propios dedos
y encadeno realidades y sueños.
Siento en la profundidad la humedad de esas aguas ocultas
y encuentro el consuelo a este desaliento incontrolado
que me empuja hacia la locura.
Muevo mis manos porque sigo buscando
la propia búsqueda del sentido
y hallo tu imagen en estos mis ojos cerrados
que luchan por ver el rojo de tu atardecer.
Húmedas también mis mejillas,
agua entre surcos que se desliza
lentamente hasta caer, ya vencida,
sobre tu eterno adiós.

Frío

Fuera hace frío, lo sé.
Siento el aliento de los desesperados
veo las colas de los humillados
deambulo entre las sombras desorientadas
de quienes no se encuentran.
Hace frío, lo sé.
Y tengo miedo.
Pero dentro también hace frío.
No es el del invierno
con sus madrugadas heladas
y sus amenazantes nieblas.
No es el del vértigo
ante la incertidumbre
y el temor a que no llegue el mañana.
Es el que marchita las primaveras
y deja al descubierto la crueldad
y la maldad que manda.
Hacía frío.
La tierra arropa a los muertos
y los vivos se destapan.
Fuera hace frío, lo sé,
tanto como el que se siente dentro.

Tierra infértil

Ya no quiero seguir llenando mis vacíos de mentiras,
justificar tus ausencias con esa indiferencia fingida,
sonreír cuando el tiempo marca tu tiempo (tan lejano del mío)
y se producen esas despedidas rápidas,
las excusas ante llamadas no contestadas,
las citas pactadas a las que se llega tarde.
Ya no quiero seguir esperando la nada,
mientras se aprende a ahogar amagos de sentimientos,
como si el simple hecho quemara, rompiera,
mi propio pacto de la frialdad.
Vete donde quieras con tus historias inventadas,
pero deja de escribir las mías,
porque no justifican lo injustificable.
Ya no quiero seguir sembrando esta tierra,
infértil y desahuciada,
en la que jamás crecerá la paz.

Culpa

No me hagas culpable
de tus frustraciones.
No cambies las señales fijadas
para confundirme en esta difícil andadura.
No me hagas creer que mis errores son
los que impiden ver tus aciertos.
No maquilles lo que es obvio
en estos áridos campos.
La no verdad, simplemente,
es la manipulación de la mentira.

Tristeza

Cuando la decepción triunfa
ni tus mares ni mis sierras
son ya capaces de apreciar
lo que hubo antes,
antes de tanta tristeza.

Siempre

Eres presencia grabada con dulzura
desde aquel ayer que siempre fue hoy,
nuestro tiempo, quizá perdido en el espacio.
Eres el agua en este desierto que me envuelve
donde me pierdo y desoriento
cegada por el dolor.
Eres el viento que arrastra mi nostalgia
para viajar contigo a esos campos de amapolas
y girasoles que retan sin miedo al sol.
Eres la luz que no quiere dejar de brillar
para que no me ahogue en este sin sentido
que me rompe en dos a destajo.
Eres la brújula en esta tempestad
que me roba las débiles fuerzas,
de estas horas que perforan mi memoria.
Eres todo en este desorden de recuerdos
que se angustia por recuperarte
mientras me va invadiendo la nada.
Eres el destino que nunca se escribió
en esta otra vida que me empeñé en crear
mientras me escondía en tus apapachos.
Eres el alimento que absorbe mi alma,
desnutrida y agotada,
entre los delirios de la pérdida.
Y yo también quiero emprender el vuelo
adherida a ti, derrotado futuro,
ante este despertar ingrato.

Muero en el atardecer inseguro
ya sin aire, en mi pozo oscuro,
me acobardo en este horror profundo.
Y muero, a cada segundo,
en todos tus segundos,
muero contigo.

Me iré

Cuando sienta que tengo miedo
me mantendré despierta
y, sin hacer ruido,
descalzaré mis pies
y sobre la tierra húmeda
comenzaré a irme...
despacio, muy despacio.
Y ya no habrá posibilidad.
Y no llegará otro invierno.

Te crees

Te crees fuerte como los peñones que coronan la cima
como las rocas que aguantan la furia del mar
como quienes aprendieron de niño que los hombres no lloran.
Envuelves tus miedos con papel de colores
e invocas al arcoíris para disfrazar tu debilidad
frente a las tempestades de la noche.
Te crees que eres capaz de amarrar la soledad
y mirarla sin temor en silencio
o soltarla como un globo para que vuele lejos.
Diseñas trajes a medida como un sastre
para tapar las huellas de la decepción
que se graban en tu piel como un tatuaje.
Te crees que puedes caminar sin rumbo
esquivar los vaivenes de la vida o enfrentarlos
sin temor a caer porque sabes que has de levantarte.
Muestras tus heridas ya cicatrizadas
y retas así a quienes se olvidaron soñar
para que no osen interrumpir la búsqueda de tus sueños.
Te crees segura en este laberinto de la vida
porque hiciste de la adversidad el aprendizaje,
porque supiste construir tras la destrucción.
Y avanzas, a veces, casi al borde de ese precipicio
donde sientes esa mano que te reconforta
como el susurro de una voz querida en la fría madrugada.
Te crees (me creo) tantas cosas...
que haces de la posibilidad tu verdad
y del querer la necesidad que arropa la incertidumbre.

Pero te miro, y tu mirada muestra esa alfombra de amapolas
que cubren de belleza los campos de tu tierra,
una mirada intensa donde se refugia la fragilidad.

Quisiera

Quisiera que no acabaras nunca,
acurrucarme para siempre entre tus manos
y convertir tus caricias en olas
mientras fijas tus ojos en mí en busca de la perfección.
Quisiera ser eternamente imperfecta
para que no des por acabada tu obra
y seguir sintiendo esa necesidad tan tuya
mientras sin querer la voy haciendo también mía.
Quisiera retar al tiempo que te presiona,
que te dice que un nuevo reto espera,
arrancar esas manecillas y tenerte para mí
a solas, mientras ignoramos la responsabilidad.
Sin espacio, sin horas, sin presiones,
sin metas, sin fechas, sin normas,
salvajes en este instante que hacemos eterno
a la vez que olvidamos el fin de tu creación.
Y quisiera ser, simplemente, tuya.

Cántaros de barro

Los cántaros de barro duermen en el olvido,
allá donde fueron arrinconados
cuando el tiempo les ganó las noches en penumbra.
Seca tierra que añora la humedad de antaño,
el agua fresca y limpia que llenaba el vacío
que cubría el mañana de esperanza.
Hoy las grietas amenazan el derrame
si de nuevo fueran llenados,
pero ahí siguen, vacíos y olvidados,
aguantando esos viejos cántaros.

Un deseo

He intentado coger al vuelo un deseo
apretarlo en mi mano cerrada para que no cayera.
He querido pensar que ahí estabas,
tierra entre mis dedos que descansa y me acaricia.
Y he sentido tu calor en este espacio eterno,
tu cuerpo pegado a mi cuerpo.
Y he luchado para mantenerlo
a ti, y al deseo, en este imposible anhelo.

Rabia

Deja que vierta mi furia
como niña abandonada que no entiende
que su Dios la deje sola entre la multitud.
Deja que clave mis uñas
hasta ver chorrear tu sangre
como si fuera la mía propia tras sentir tus puñales.
Deja que brote este sentimiento de odio
que nace de mis súplicas no escuchadas
de tus maquiavélicas palabras.
Deja que muera en tus labios
vencidos, callados,
mientras me niego y acepto este adiós.
Deja que mezcle tu tierra con esta, la mía,
donde yace tu cuerpo consumido,
mi sentimiento también muerto.
Deja que escupa las miserias
las esperas que no sirvieron de nada
esta rabia incontrolada que me mata.
Escupir.
Sanar.

La encina

Bajo esta encina veo todo el horizonte
el verde de los campos agradecidos
tras ser bañados por las lluvias tardías.
Veo las sierras a lo lejos con sus traviesas
donde no hace tanto pusiste las armadas.
Veo un cielo lleno de nubes grises
por las que intentan colarse los rayos de luz,
por donde apareces tantas veces en forma de arcoíris.
Bajo esta encina, siento el rumor del viento
que acaricia las hojas y balancea las bellotas,
aire fresco que limpia mi tez,
que me ayuda a respirar en esos momentos
en que los recuerdos ahogan un poco,
o demasiado.
Aquí, en este hermoso lugar,
entre La Mancha nuestra y Extremadura,
doy gracias, a ti, a quienes miran desde la encina
y escuchan caracolas que resuenan en la eternidad.
Bajo esta encina siento el paso del tiempo,
los ayeres con sus olores y aprendizajes,
el peso acumulado de las ausencias,
la fuerza de tantos y tantos momentos...
Bajo esta encina, mientras creo morir,
siento la explosión hermosa de la vida.

Caos

No habrá tiempo suficiente para encontrar la calma,
no pasará ni un día en que el dolor nos pare de golpe
y nos muestre la realidad.
No seremos los mismos que éramos en tu caos maravilloso,
no habrá recuerdo equilibrado en esta locura de pérdida y amor
ni tampoco olvido.
No habrá esa página de números y nombres entre tachones
ni misiones especiales entre jarales y aulagas
ni tantas cosas que antes sí hubo...
Pero perfilaremos otras en las tardes rotas
entre relatos vividos e inventados
que iremos tejiendo entre unos y otros.
Y volveremos a aquellos lugares tan tuyos
siguiendo tus huellas en esta tierra
que grabó tus pasos, tus voces, tus inquietudes.
Y te hallaremos en esa otra búsqueda silenciosa
en todas las miradas en las que jamás,
JAMÁS, dejarás de estar.

Fragilidad

Vuelven, como lo hacen las golondrinas.
Disfrazan en la lejanía su fragilidad
y vierten belleza en los campos manchegos.
Un espejismo.
Y tienen sed.

México

Para María

Y volví.
Liberé rencores y miedos
entre las capas de la eternidad,
derroché risas compartidas
tras rescatar los tesoros menos ocultos
y comprendí el gran valor de las pequeñas caricias,
el don de respirar los recuerdos,
revivirlos entre callejuelas de colores
que huelen a tacos y elote.
Volví de mi vuelo fugaz,
más allá de las nubes móviles,
de aquellos inquietantes laberintos
que dejaron de ser infernales
en el abrazo de un encuentro querido
donde se fusionaron carcajadas y quejidos
mientras quedaba cosido el olvido.
Y volví sin frío,
envuelta en el calor de la tierra,
y consciente de todo lo recibido.
Regresé refugiada en jacarandas
en el eterno agradecimiento
de ese veloz encuentro
en el que por fin entendí
el porqué no tienen respuestas
tantos y tantos misterios.

Un portazo

Para Emilio

Hay rincones que son paraísos.
En la inmensidad, el dolor se esparce.
Un portazo lo asusta.
No puede haber sufrimiento ante tanta belleza.
Y te siento, te sentimos, de nuevo
en esos colores de la vida
que se refugian en el campo.
Y mientras espantas los lamentos
y callas las palabras,
esas que no quieres escuchar,
regresas, una y otra y otra vez más,
para recordarnos que ahí sigues...
que estás.

Un viaje

Sobre los tejados las nubes observan
el viento esparce las historias
y el cielo se niega a oscurecer.
Es un día cualquiera
en una ciudad con nombre
a la espera de que llegue el tren.
Y comienza el viaje
atrás quedan los tejados
el frío al caer la tarde y los adioses.
Se suben los recuerdos,
las heridas que han de curarse
y una cercana y eterna sonrisa que...
Aún duele.
No llueve.
En el cristal interior del vagón
se reflejan gotas de agua,
una se desliza hasta reposar sobre la mano.
Una caricia calma la melancolía.
Atardece sobre los campos sembrados
en las llanuras donde se adormecen las vides.
Y mientras la vida sigue...
vamos llegando.

Tu voz

Vuelvo a mi niñez,
a esas campanadas que llegan desde la catedral,
a esas ventanas donde apoyaba mis manos
sabiendo que no caería.
Vuelvo a ese ayer en el que estás,
donde evitas miedos y vértigos,
donde proteges y fortaleces mi inocencia.
Vuelvo a tus brazos para que me cuentes
que los ángeles pintan de colores
las tardes grises de los niños pobres
para que sonrían...
Y lo hacen, dices, mientras yo, niña,
también sonrío.
Pintores alados surcando los mares,
desafíos terrenales entre llamas,
frío y calor en ese horizonte...
E imaginamos a través de los cristales
historias pasadas que siempre están, que estarán,
historias futuras que se irán escribiendo.
Vuelvo a sentarme en tu sillón del despacho
donde cabíamos todos,
donde te sentíamos el mejor
entre los mejores.
Vuelvo, vuelvo y vuelvo
adonde me llevan estos cielos,

a la belleza que envuelve,
que intenta serenar
esta incontrolable inquietud.
Vuelvo a la llamada de una voz.
Vuelvo a tu voz.

Eternidad

En cada jara, en cada matorral, en cada puesto de todas las armadas, en los caminos, en las ladras, en la voz del perrero, en su caracola, en el vuelo de los pájaros, en cada lance, en cada agarre, en el viento, en las nubes, en la niebla que traspasa la cuerda, en la alegría del encuentro, en las lágrimas compartidas, en la tierra levantada, en las madrigueras, en los encames, en el riachuelo que corre, en la pelliza heredada, en el rayo de sol que cubre la solana y en la sombra de la umbría, en el arcoíris que protege la montaña, en el silencio de los montes que tanto habla, en el fruto rojo del madroño, en el calor de la lumbre, en el rocío del amanecer, en la cercanía de cada res, en las pedrizas...
ETERNIDAD se escribe con mayúsculas.

Luciérnaga

Cuando el atardecer se pierda
y llegue la oscuridad,
cuando las malas pasadas
sean realmente así, malas,
cuando no soporte la ceguera
que me hace tropezar,
cuando las brújulas
se vuelvan locas ante el dolor,
cuando en mí no haya Norte
y no sepa encontrarme,
cuando las lumbres se apaguen
y no haya leña que echar,
cuando los rayos quemen la siembra
y se pierda la cosecha,
cuando el río se seque
y el cauce añore su agua,
buscaré la serenidad necesaria
en el recuerdo de tu luz.

No hay...

No hay cucarachas,
todo quedó reducido a la nada
en aquel otro destino
enterrado en polvo.
No hay mariposas,
se ocultaron en sus propios capullos
sin saber que no habría
la oportunidad de renacer.
No hay hormigas,
crearon sus futuras tumbas
ignorantes de que esos pasadizos
serían sentencias de muerte.
No hay flores,
las abejas extendieron su polen
en aquellos campos heridos
sin salvación alguna.
No hay agua,
la desperdiciamos inconscientes
crecidos en la idea
de que jamás faltaría.
Y falta, como las tardes calmadas
como los gorriones indefensos
como las voces de los cabreros
como los higos de la vieja higuera.
No hay vida en este paisaje arruinado
víctima del desamor,
de la picadura envenenada
de venganza y de ti.

No hay nada,
ni siquiera dudas
ante esta destrucción
que supo arrinconarnos
y seducirnos fríamente.
No hay nada en esta nada.

Y callamos

Se quitaron las monstruosas caretas
y comenzó el verdadero miedo,
calle a calle, casa por casa.
Dejaron de existir los rincones perdidos,
aquellos lugares donde acariciarse,
donde creer que hay esperanza.
Ruinas entre las ruinas de ladrillos y almas,
de historias vengadas y robadas
que aún tenían mucho que contar.
Sin aire, sin luz, sin calor,
con dolor, con terror, con impotencia.
La vida se convirtió en el pago
de las más grandes brutalidades
y la pasividad en el mayor pecado.
Sin condena ni condenados
ahí seguimos, día a día,
ante el televisor que nos grita
mientras nosotros callamos.
Se quitaron las poderosas caretas
y, sin remordimiento, rociaron la tierra
del olor putrefacto de la muerte.

Un brindis

Ahora que ya no estás,
que tanto te echo de menos,
alzo mi copa y brindo por la vida,
por esa que tuve la suerte
de escribir contigo,
por esta que debe seguir,
aunque tu sombra me persiga.
Un brindis por los recuerdos,
por los ayeres repetidos,
por los enigmas resueltos
cuando jugábamos a ser niños,
por ese campo rojizo
que nos robó el primer suspiro.
Un brindis de lágrimas y buen vino,
el que da las viñas de mi tierra,
para beberte lentamente
y saborearte, otra vez,
mientras engaño al espacio
e intento ganar al tiempo.
Sin horas entonces
y sin horas ahora
me arriesgo y le reto
para que ese tiempo
vuelva a ser inexistente
y solamente nuestro.

Un brindis en este precipicio
donde busco el equilibrio
para no caer arrastrada
por este fuerte viento,
por ese paisaje blanco y helado,
que al mirarlo embriaga.
Un brindis, simplemente,
para cerrar mis ojos,
olerte muy despacio,
mojar mis labios sedientos
y sentirte como siempre:
en cada sorbo.
Un brindis,
ahora que ya no estás,
para traerte de nuevo
hasta este horizonte infinito
en el que no olvido
la grandeza de haberte tenido.

Definitivamente

Definitivamente

Carta imaginaria para Aurora

Amor:
Definitivamente tengo que partir,
ya están las maletas hechas
y puede que cambie el tiempo
si no emprendo este viaje.
Lo he retrasado todo lo posible,
lo sabes, lo sabéis.
He sacado las últimas fuerzas
para agotar hasta el último
de los segundos.
Hasta tiempo he tenido para crear.
Tierra, tráeme tierra,
para poder moldear en mi alma,
la venda que me ha de calmar.
Tierra, para cumplir promesas
y compartir vuestros anhelos.
Tierra colorida y serena,
tesoro de semillas que germinarán.
Tierra, mi vida, tierra.
No llores.
Mírame y escucha sin decir nada.
Definitivamente estoy más cerca
de tu Dios que nunca,
y le pido por ti sin darme cuenta,
y al hacerlo, tomo conciencia
y le pido también por mí.

No tengo miedo a esta arena
con la que construyo mi adiós.
No lo tengas tú tampoco.
Cumplí mi misión, y lo sabes.
Lo sabemos.
Gracias, mi amor eterno.
Vive por mí esta vida
a la que tanto me aferré.
Años de lucha que ya concluyen.
He de partir y me debes dejar,
porque ha llegado el día
reservado para mí.
Cuando emprenda mi viaje
soplará el viento, saldrá el sol,
lloverá, olerá a tierra mojada
que es como huele la vida.
Y tú creerás que me ido, pero no,
ahí seguiré, contigo, con vosotras...
DEFINITIVAMENTE.

Volveremos a vernos

Volveremos a vernos.
Iremos a esos lugares donde nunca estuvimos,
donde jamás paseamos juntos,
donde escribimos historias sin vivirlas.
Volveremos a vernos.
Recuperaremos ese tiempo que no tuvimos,
tus palabras, ahora recordadas en otras voces,
tu mirada, siempre presente, que se extiende
en mi horizonte de tus ojos verdes.
Volveremos a vernos.
No lo dudes,
en las sonrisas enredadas en aquellos planes
que aún hemos de cumplir,
en el deseo nunca perdido
pese al empeño de nuestros destinos,
en esos campos inigualables de amapolas
que incrédulo viste por primera vez
cuando creíamos que existía el infinito.
Volveremos a vernos.
Allá donde tú ya te encuentras
en ese otro paraíso que esculpe la tierra
con agua fresca para renacer.
No lo dudes.
Volveremos a vernos.
Cuando en esta ida sin regreso,
en este camino que me lleva a ti
descanse, por fin, en lo eterno.

Sin filtros

Y se miró en el espejo de la vida.
Sin filtros.
Agua transparente donde se atrevió.
Y pudo abrazar la verdad.

Estás

¿Quién dice que no estás?
Acaricio mis brazos porque ya el viento arrecia
mientras sigo por estas veredas tus pasos,
mar rojizo en plena revolución emocional,
ayeres y mañanas que se funden y confunden
en esta dehesa extremeña que te extraña,
que te pinta en sus cielos
para que te reflejes en sus claras aguas.
Solanas y umbrías que despiertan al alba
que te celebran cuando ya cae la tarde,
que refugian tu voz tantas veces escuchada
en esos días de siembras con semillas heredadas,
lances que atrapan e historias que contar
en este despertar que hiere
que sabe que no te ha de olvidar.
Y la ventisca me hace caminar deprisa
para refugiarme en la cueva de la añoranza
donde la desolación me atrapa
y caigo derrotada en sus enormes garras,
pero escucho que me pides que salga
y aúno las ganas en esta lucha tan ingrata
y vencedora en el desaliento vuelvo a preguntar:
¿Quién dice que no ESTÁS?

Desierto

Miro tras la ventana ese desierto que no acaba,
ese destino que no importa,
ese ayer que se va quedando atrás...
Y escribo,
escribo sin prisa,
pero con la necesidad de encontrar algún sentido
a este sin sentido que imagina
que me pierdo en este paisaje.
Miro tras la ventana ese desierto interminable
que me envuelve y me calma a ratos,
que me ahoga...
Y escribo,
escribo sin prisa,
mientras sigue este viaje inesperado
a ninguna parte.

Luna

Y apareciste entre la niebla,
en el vaivén de mis pensamientos por lejanas tierras,
en la noche calurosa de desiertos y anhelos inconclusos.
Apareciste una vez más, luz eterna en la mirada nocturna,
para calmar las aguas de esta tormenta interna
que no cesa.
Apareciste como luna llena,
testigo de esperas en aquellas sierras tan nuestras,
tan distintas de estas cumbres luminosas
sin olor a tierra.
Y aquí estás, en este lejano cielo,
tú, candela, llamas de mi hoguera,
a la espera de emprender juntos la vuelta.

Amanece

Amanece.
El cielo comienza a extender un manto de luz para iluminar el camino,
la escarcha se va descongelando tímidamente, sin prisa,
no sabe que riega la tierra con esas gotas que caen suaves
como caricias sobre la piel.
Más allá, entre las hileras de olivos, quedan escondidos los recuerdos,
la búsqueda de los espárragos trigueros y la inocencia de años inmortales,
porque los eran, cuando aún todo estaba por descubrir.
Una piedra levantada con cuidado por si hay un alacrán,
como si el veneno sólo recorriera nuestras venas tras una picadura,
como si el peligro siempre estuviera oculto. Tan cerca.
Este recorrido no tiene destino ni escenario en el tiempo,
lleva hacia esas nieblas mañaneras que esconden las cimas
como si quisieran achicar la grandeza que las une al cielo.
Cómo no mirar, cómo avanzar sin sentir el deseo de descansar,
de acurrucarse entre estos peñones esculpidos por Dios,
intensidad en la inmensidad de este horizonte donde el tiempo no importa.
Y ahí los barrancos, que se presentan tan bellos como vertiginosos,
que invitan a asomarse, a descubrir lo insignificante de la vida
o, al contrario, el misterioso y excitante significado de la existencia.
Agua, agua que brota, limpia y fresca, de las entrañas de esta tierra
de colores intensos, de sueños que crecen como sus raíces,
libres y fuertes, mientras esperan, sin saber qué, un día más.

Y amanece.
El monte mojado extiende con orgullo su intenso olor,
estorninos, gorriones, grullas, codornices o perdices compiten
en ese despertar embriagado de una belleza que rompe todos los moldes.
En Sierra Madrona, la explosión de la vida la convierte en inmortal.
Estás. Estáis.
Y amanece.

Cuando mi voz calle con la muerte, mi corazón te seguirá hablando.

Rabindranath Tagore
Premio Nobel de Literatura en 1913

Y vendrá un mañana

Hoy el día despertó con llantos de sirenas. En la soledad de su habitación busca el mensaje que entró la noche anterior y lo lee de nuevo. Las malas noticias ya no son como los antiguos telegramas; entran sin temor junto a chistes y fotografías, conviven en el caos. Ahora sí, se permite llorar esa ausencia anunciada para descargar la opresión mientras las imágenes de su ayer se amontonan en un hoy sin futuro. Una tras otra, en este o aquel otro lugar donde fueron tan felices. Recuerdos y más recuerdos que intentan seguir un orden, que quieren decirle que no olvide que siempre hay una sonrisa escondida en algún rincón. Y visualiza la suya, la de la noche anterior. Limpia sus lágrimas mientras cree escuchar una dulce melodía que acuna su tristeza, esa voz necesaria que le asegura que vendrá un mañana, y que este, sin duda, será mejor.

Vivir y morir

Pensar en la muerte. Pensar en la vida. En el camino tan insignificante que a veces existe entre el vivir y el morir. Dos orillas con una distancia desconocida. Dos imanes que se funden en un abrazo. Estar y no estar. Tejer, despacio, con la minuciosidad de una araña, para atrapar los sueños. Soñar, aun sabiendo lo difícil que es la realidad. Se intenta, se lucha, se cae, se levanta y hasta se puede conseguir. Alcanzar lo anhelado y volar como una cometa, con la ilusión con la que el niño de pies descalzos la ve alejarse. Lejos o cerca. ¿De qué, de quiénes? No todas las realidades son iguales. Cada uno, la suya. Muchas variantes, muchas circunstancias, muchas historias. Unas mejores, otras peores. Depende de tantas cosas... Pero la muerte no sabe de ellas. Llega. Sin más. Avisa cuando quiere. Pocas veces lo hace...

Cada día, en cada rincón, en lujosas casas o bajo techos de paja, en grandes urbes o en insignificantes aldeas, al lado de las montañas o de los mares, entre risas o en tristes sábanas, entre los que ya tienen grandes experiencias acumuladas o los que empiezan a sumarlas...la muerte se pasea ajena al dolor que va a causar. Y actúa. No siempre lo hace de la misma forma. Como un enorme catálogo de pantones, de colores, elige. La decisión puede ofrecer la tregua para un adiós. Se acomoda al lado de la persona elegida y se relaja mientras hace sitio a la ternura de una despedida. También cabe la destrucción. Cientos y cientos a la vez. No hay miramientos, no hay pausas, no hay posibilidades. Arrasa sin piedad como la fuerte granizada una cosecha. Miles y más miles, ante la incredulidad de quienes tuvieron mejor suerte. Suerte. ¿Qué significa esta palabra?

La muerte tiene aliados como los países. Odios encerrados y venganzas programadas. O simplemente compañeros de andanzas. Cuando la naturaleza se asfixia intenta sobrevivir; después de sobrevivircuando se siente arrinconada, se defiende. Y no lo sabemos o no lo queremos saber. Igual todo es más simple. Y pasa. Hay supersticiones, filosofías, teorías, formas de ser o modas. Lo positivo se atrae. Lo negativo, también. Y entre uno y otro, el destino se pasea victorioso, poniendo fechas de caducidad en las espaldas mojadas por el mar de dos amantes, en las de los bebés que aún han de nacer, en las de adolescentes que dibujan en la oscuridad un maravilloso futuro, en la de los ancianos que ya no la temen. Y sin conciencia de esa fecha viven y disfrutan envueltos en esa ignorancia maravillosa que protege.

La muerte arrebata sin escrúpulos a la vida su billete de tren. Y comienza el triste viaje para quienes contemplan con impotencia el camino tan insignificante que existe entre el vivir y el morir.

Otro amanecer

Para Natking

Son las cuatro de la madrugada. No puede dormir. Es como si no quisiera perder ni un segundo de esa cuenta atrás que ya sabe que es inevitable. Lo confirman los últimos informes y los médicos; se lo dice su voz interna. Sus ojos están cansados, como su cabeza, como también lo está su corazón. Demasiado tiempo intentando ganar una apuesta trucada desde el inicio, retando a un destino empecinado en no cambiar.

Mira despacio todo lo que tiene a su alrededor. Ahora, un rincón del salón de la casa se ha convertido en su pequeña habitación: una cama, una mesita llena de medicamentos y un sillón donde ella pasa horas y horas. Para acompañarlo, para que no se sienta solo, para hablar cuando quiere compartir algo, para intercambiar y respetar los silencios, para mirarle y seguir amándolo, para ahuyentar a ese miserable miedo que aprovecha la más mínima fisura para colarse... y lo hace sin contemplación.

En este instante, siente ese miedo que ensalza la oscuridad de la noche e intenta aplacarlo con los recuerdos, por eso mira despacio en su tan tranquila como inquieta soledad. A veces, las lágrimas se deslizan por su mejilla sin ni siquiera ser consciente de que está llorando. Es difícil decir adiós cuando se sabe que no habrá un mañana, cuando aún se quiere y se tendrían que hacer tantas cosas, cuando se ve sufrir a quienes también te quieren, cuando no se desea emprender el viaje que todos haremos algún día. Y en medio de esa dificultad, busca su paz, el vencer a esos demonios que lo irritan y lo invitan a soltar la rabia, el enfado contra el mundo ante la incomprensión de lo que no se comprende. Quisiera gritar, pero las fuerzas también fallan. Respirar despacio para volver a calmar el ánimo, para encontrar la serenidad.

Son las cinco de la mañana y sigue sin poder dormir. Se detiene en una fotografía. Posa con sus hijas un día de sol y mar veinte años atrás, cuando todo era azul, cuando había muchísimas cosas por construir y conseguir, cuando jamás se piensa en los capítulos crueles que la vida escribe. Una foto que le lleva a ese ayer lleno de vitalidad y juventud, a sus amigos, a sus pinceles, colores y dibujos, a sus sueños. Y vuela más allá del momento hacia otros muchos otros momentos en los que la palabra felicidad no se escribía, se sentía. Está sonriendo. Quizá no sea consciente porque sus labios al abrirse lo que saborean es el dulce de sus lágrimas. Sonríe porque siente lo vivido.

Entonces su mirada se detiene en esa mujer que duerme encogida en el sillón junto a su cama por agotamiento, también por necesidad. Y la ve más guapa que nunca y la acaricia mentalmente para no despertarla, y piensa en lo maravillosa que es la vida junto a ella, hasta que no aguanta más y susurra su nombre. Y así, cogidos de la mano, consigue cerrar sus ojos a la espera de otro amanecer.

Que es eso
que se acostura-
Enmi alma
dulce sutura,
futura calma, que se
aprezia al alcanzar la paz se
Dios
quien te implora es otra Maria,
una Maria cualquiera, que
tambien quiere ser Feliz

Agradecimientos

Este poemario es especial para mí por todo lo vivido desde que se publicó el anterior: *En un instante*, que me prologó mi querido e inolvidable Patxi Andión. Si aquel era una invitación a vivir la vida, porque en un segundo todo cambia, *Tierra* es la constancia de esa realidad, un homenaje a quienes hacen el camino con nosotros, el reflejo del dolor que causan las ausencias y la necesidad de sus presencias y el agradecimiento por lo aprendido y disfrutado.

Tierra también es la exaltación de la belleza de lo que nos rodea, un canto a lo que somos por lo que nos inculcaron. Uno aprende, según pasan los años, que las pequeñas cosas son las más grandes, las que verdaderamente merecen la pena. Un cielo rojo, un arcoíris, un gorrión en una ventana, un paseo por el monte, una charla, el abrazo de un niño, una caricia, un libro o un vino con un amigo. Esos buenos ratos, como decía mi padre, es lo único que nos vamos a llevar.

No me canso ni me cansaré de dar las gracias, una y mil veces, por sentirme tan arropada, porque tener el calor de la amistad es un privilegio. Sin vosotros, yo no soy; con vosotros, la vida se disfruta, lo insoportable es soportable y los recuerdos se tornan maravillosos.

"La muerte no extingue la luz; sólo apaga la lámpara porque ha llegado el amanecer." Traigo aquí estas palabras del escritor indio Rabindranath Tagore, Premio Nobel de Literatura, porque las comparto y son hermosas, pero también porque reconfortan. Los que amamos la tierra, el campo, la caza... hemos visto muchos atardeceres, noches oscuras y silenciosas que no paran de hablar, el embrujo de una luna llena y ese amanecer que necesita de la oscuridad previa. No puedo evitar las lágrimas al escribir estas palabras, al recordar a todos los que apagaron su luz para que podamos ver el alba. Lágrimas que se tornan en una sonrisa sincera cuando tomo conciencia de lo afortunada que he sido... y soy.

Los recuerdos son momentos increíbles. Gabriel García Márquez escribió: "La vida no es la que uno vivió, sino la que uno recuerda y cómo la recuerda para contarla". Y eso es lo bonito, cómo entre todos hacemos el puzle. La vida es puro misterio y eso es lo que la hace mágica.

Pero vayamos a los agradecimientos. A toda mi familia por ser y estar, especialmente a los pequeños José Antonio y Jimena, que llenan de alegría los espacios vacíos; a Juan Luis, Natking, por su enorme generosidad, pues me regaló mucho más que sus últimas obras para este poemario: su aliento y sus ganas, pese a la cercanía de su partida para, "Definitivamente", quedarse en nuestros corazones; a Joaquín y Jon, por unir sus hermosas palabras a las mías, pero también por caminar a mi lado, por compartir risas y ser paraguas de mis lluvias; a Rafa Soler, porque te abraza con la mirada y por cuidar a la pandilla de El Comercial, junto a Lucía, con esa sonrisa suya que acuna y calma, y Ali, que es pura dulzura; a Aurora, por su ejemplo de amor y valentía, y por no perder la alegría; a Natacha, porque es justo reconocer que siempre está ahí, que nunca falla; a Arturo, porque la memoria protege lo hermoso; a Concha, que no se cansa de escuchar mis versos y calmar mis dudas; a Marialeda, que no deja de recordarme que escriba; y a Charo y Antonio, por volver a abrirme las puertas de su casa: la editorial Huerga y Fierro.

Este libro está dedicado "a quienes me enseñaron a amar la tierra y a creer en la eternidad". En la tierra están mis raíces, el oxígeno necesario cuando se siente que falta, la fuerza de la belleza y el susurro de sus voces. Uno es mucho de quienes quiso y quiere. Por eso, también mi agradecimiento a mi origen, a mi abuelo José María, a los padrinos, a mi tío Paco, a mi padre, a sus hermanos Valerio, Javier, Bernardo, José María y Pilar...

Y no me olvido de los amigos monteros, los que apagaron la luz para mostrarnos el amanecer, y los que ahí siguen y hacen posible el sueño de Las Yuntas, con mi hermana Yiyi a la cabeza (Gigi, que escribiría mi padre), porque saben del profundo sentimiento que produce la tierra: su olor, su color, su arraigo, su belleza, su silencio, sus sonidos, su dolor, su emoción... ¡Gringo, que no deje de sonar tu caracola!

Mi agradecimiento, SIEMPRE, porque todos, representados en mis queridos Paco Somoza y Juan Villalón, dan sentido a la palabra ETERNIDAD.

Índice

TIERRA

Esta obra
se acabó de imprimir
con los auspicios de
Charo Fierro y
Antonio J. Huerga, editores

FINIS CORONAT OPUS